Pr
fantome

Anne Rivière est née en 1968 à Toulouse. Enfant, elle écrivait déjà des poèmes et des contes pour sa famille et ses copines. Elle est maintenant professeur d'école et maman de trois garçons. Ses enfants et ses élèves lui servent souvent de testeurs d'histoires. Des histoires extraordinaires qui transportent les jeunes lecteurs dans des mondes étranges…

Laurent Audouin vit à Poitiers où il est né en 1969. Depuis qu'il sait tenir un crayon, il adore dessiner. Il travaille pour l'édition jeunesse, la presse et la publicité. Et quand il ne dessine pas, il aime faire du sport.

© 2012, Bayard Éditions
© 2009, magazine *J'aime lire*
Tous droits réservés. Reproduction, même partielle, interdite.
Dépôt légal : avril 2012
ISBN : 978-2-7470-3851-5
Loi 49-956 du 16 juillet 1949 sur les publications destinées à la jeunesse

Profession fantôme

Une histoire écrite par Anne Rivière
illustrée par Laurent Audouin

bayard poche

1
Portes ouvertes au B.R.R.R.

Ce jour-là, j'étais tranquillement en train de lire, lorsque mes parents sont entrés dans ma chambre-crypte.

– Zénobie, m'a dit Papa, aujourd'hui, à notre travail, c'est une journée « portes ouvertes ». Nous avons le droit de faire visiter les locaux du B.R.R.R. à nos enfants. Veux-tu venir ?

J'ai immédiatement lâché mon livre et bondi hors de mon lit-cercueil. Une journée dans l'entreprise de mes parents, c'était une occasion à ne pas rater !

Il faut dire que pour nous, les petits fantômes, la vie est un peu monotone. Les adultes ont de la chance : ils vont souvent hanter le monde des vivants. Mais nous, les enfants spectres, nous n'avons presque jamais le droit de quitter nos souterrains.

Ce n'est pas qu'il soit désagréable, notre monde. Tout y est lugubre à souhait : les galeries sombres, les racines d'arbres qui pendent jusqu'au sol, les crânes poussiéreux des ossuaires*... Mais notre existence manque de piment. Alors, accompagner mes parents à leur travail, ça sortait de l'ordinaire !

* Endroit où sont conservés des ossements humains.

J'ai fait une rapide toilette, j'ai revêtu ma plus jolie robe-linceul et j'ai couru vers la cuisine avaler un bol de « Spider Crispies », mes araignées soufflées favorites. Puis, j'ai suivi mes parents dans les rues souterraines jusqu'à l'immeuble où se trouve leur bureau.

L'immeuble du B.R.R.R. est un immense « gratte-sol » de quarante étages qui descend si profondément sous terre qu'on dirait qu'il ne s'arrête jamais.

Nous avons franchi une porte au-dessus de laquelle était écrit : « Bureau des Revenants pour la non-Restauration des Ruines ». Papa m'a expliqué que Maman et lui travaillaient souvent sur des chantiers de non-restauration, dans le monde des mortels. Leur rôle consiste à hanter les bâtiments en ruine pour empêcher les humains de les réparer.

Arrivés au B.R.R.R., nous avons parcouru plein de couloirs, nous avons traversé des tas de murs, volé à travers de multiples plafonds, dit bonjour à une quantité incroyable de collègues de mes parents. Enfin, nous avons admiré la grande salle de réunion, avec sa table en os massif et son tapis en fils gluants d'araignées du Bengale.

Nous en étions là quand un spectre vêtu d'un linceul-cravate très strict a brusquement traversé le mur de la salle de réunion. Il s'est posté devant mes parents et leur a dit d'une voix caverneuse :

– Ah, Spectro et Dulcinéma Skop ! Vous tombez bien, je voulais justement vous voir. Il y a une urgence. Venez dans mon bureau !

Et il a traversé le mur en sens inverse.

En le suivant, Maman m'a recommandé d'un air sévère :

– Sois bien sage, Zénobie ! Ce fantôme est notre patron, monsieur Doutretombe.

Au début, monsieur Doutretombe ne m'a même pas remarquée.

– Nous avons un problème, a-t-il déclaré. On vient de m'informer que le château de la Boutonnière est en travaux depuis des mois. Il est presque entièrement reconstruit. Nous devons absolument empêcher que sa dernière tour soit restaurée ! Elle contient un escalier écroulé de toute laideur. Allez-y immédiatement !

Papa a hésité :

– Mais… notre fille Zénobie…

– Vous n'avez qu'à l'emmener ! Cette mission ne peut attendre !

J'ai esquissé un sourire. Décidément, cette journée allait être vraiment passionnante !

2
Le chantier

J'ai suivi mes parents sans rien dire jusqu'au premier sous-sol. Là, ils se sont arrêtés devant une série de portes blindées « intraversables », même pour les fantômes. Maman a pianoté un code secret sur le clavier d'un appareil spécial qui a vérifié ses empreintes squelettales. Une des portes s'est alors ouverte, dévoilant un long tunnel obscur.

Papa m'a expliqué :

– Ce tunnel remonte à la surface de la Terre dans le monde des humains. Vole près de nous et ne traîne pas en arrière.

J'ai acquiescé et nous nous sommes mis en route. Nous avons volé dans le noir pendant un temps interminable.

Le tunnel aboutissait dans un cimetière, à l'intérieur d'un caveau*. Là, Papa m'a ordonné de me rendre invisible et de parler avec ma voix spectrale que les mortels n'entendent pas.

* Construction souterraine servant de tombe dans un cimetière.

Lorsque nous sommes sortis à l'air libre, une lueur aveuglante m'a éblouie. C'était la première fois de ma vie que je voyais le soleil autrement qu'à la téléfrisson !

Nous nous sommes glissés entre les tombes et nous avons pris la direction du château de la Boutonnière.

Dès que nous sommes arrivés, un bruit terrible a assailli nos oreilles : des bulldozers, des camions, des marteaux-piqueurs !

Monsieur Doutretombe avait raison : au rythme où les travaux avançaient, la splendide tour délabrée deviendrait bientôt une affreuse tour toute neuve !

En désignant une grosse pierre un peu en retrait du chantier, Maman m'a dit :

– Tu vas t'asseoir là et attendre que nous ayons fini. Et surtout, reste bien invisible !

J'ai obéi sans rien dire. Je n'étais pas habituée à la lumière du jour et je ne me sentais pas très bien.

Sur le chantier, quand mes parents ont commencé à hanter les lieux en se rendant visibles, ce fut l'affolement général. Les pauvres mortels étaient terrifiés, les ouvriers couraient dans tous les sens, le ciment se répandait partout : une vraie pagaille !

Une fois le dernier humain parti ventre à terre, Papa est venu m'avertir qu'il devait encore inspecter les travaux avec Maman. En attendant, je pouvais me promener dans le parc.

J'ai pris un air courageux, mais dès que mes parents ont disparu, j'ai senti l'angoisse m'envahir. Le jour était partout. Il donnait des couleurs à tout ce qui m'entourait. Plus de grisaille ni de noir : rien que cette clarté terrifiante ! J'étais incapable de rester dehors plus longtemps. Alors, j'ai décidé d'attendre mes parents à l'abri de la lumière, à l'intérieur du château.

J'ai traversé la porte d'entrée et j'ai erré dans le bâtiment désert. Soudain, au détour d'un couloir, je me suis trouvée nez à nez avec une fille mortelle qui marchait le long d'un mur. J'allais passer mon chemin lorsque, à ma grande surprise, elle m'a dit :

– Bonjour !

Je suis restée un instant stupéfaite. Comment pouvait-elle me voir alors que j'étais invisible ?

3
Rencontre mortelle

– Bonjour. Qui es-tu ? m'a demandé la fille.

J'ai hésité à lui répondre car je n'avais pas le droit d'utiliser ma voix non spectrale. Finalement, ma curiosité a été la plus forte et je me suis lancée :

– Je m'appelle Zénobie Skop. Et toi ?

– Moi, c'est Élisa Latour.

– Comment peux-tu me voir ?

Elle m'a fait un grand sourire.

– Je ne peux pas te voir, mais je sens ta présence. Ta démarche est si légère qu'on t'entend à peine. J'en déduis que tu es une enfant. Et quand tu bouges, tu crées une sorte de courant d'air qui sent un peu le moisi.

Je l'ai remerciée du compliment et elle m'a demandé ce que je faisais au château.

– J'accompagne mes parents, ai-je répondu. Ils travaillent sur le chantier.

– Alors, ils doivent connaître les miens ! Ils transforment le château en école pour enfants aveugles. Certains pensionnaires sont déjà arrivés, les autres viendront à la rentrée, lorsque la dernière tour sera restaurée. Tu veux que je te fasse visiter ? Nous avons une super-bibliothèque en braille* avec des ordinateurs à reconnaissance vocale. Viens, je vais te montrer !

* Écriture en relief pour les aveugles. Ils la lisent avec leurs doigts.

Elle s'est mise à marcher en touchant les murs de temps en temps pour se repérer.

Je l'ai suivie. J'avais compris pourquoi elle n'avait pas peur de moi. Ses yeux ne fonctionnaient pas. Elle ne savait pas que j'étais un fantôme invisible dont la voix semblait venir de nulle part.

La nouvelle école d'Élisa sentait affreusement le propre. Pas la moindre petite odeur de pourriture ou de renfermé. La décoration était atroce : les rideaux étaient neufs, les murs sans une seule fissure et les moquettes n'étaient même pas mitées ! Je n'ai rien dit, bien sûr, par politesse, mais je me suis demandé comment les humains pouvaient bien vivre là-dedans.

Ensuite, nous sommes allées voir la bibliothèque dans laquelle des enfants lisaient avec leurs doigts des livres remplis de petits points en relief. Élisa m'a présenté quelques-unes de ses copines qui n'ont pas eu peur de moi, elles non plus. Enfin, nous nous sommes rendues aux cuisines car Élisa voulait me présenter madame Dugoud, la cuisinière.

Madame Dugoud n'était pas là, mais le déjeuner était en train de mijoter et dégageait une odeur répugnante de viande fraîche et de riz insipide*. Rien à voir avec le délicieux gratin d'asticots que mes parents préparent si bien !

Curieuse, j'ai soulevé le couvercle d'une marmite et j'ai pris une cuillère pour remuer ce qu'il y avait dedans. À ce moment-là, madame Dugoud est revenue.

Elle s'est aussitôt mise à hurler :

– Au secours ! Ma blanquette de veau se mélange toute seule !

* Sans goût, fade.

Je n'ai pas osé apparaître, mais j'ai quand même voulu m'excuser. Hélas ! dès que madame Dugoud a entendu ma voix près du fourneau, elle s'est enfuie en courant. On l'entendait crier dans le couloir :
– À l'aide ! Ma blanquette parle !

Élisa s'est tournée vers moi. Elle avait l'air de se demander ce qui se passait. Il était temps de lui expliquer qui j'étais vraiment.

4
Apparitions

Lorsque Élisa a su que j'étais un fantôme, elle ne s'est pas enfuie. Elle a simplement tendu sa main pour me toucher. Ses doigts sont passés à travers mon corps comme s'il n'existait pas. Je n'aime pas qu'on fasse ça, ça me fait des chatouilles. Elle a dit :

– Tu me fais penser à un brouillard glacé rempli de chaleur humaine.

Élisa m'a alors invitée à jouer dans sa chambre avec la calèche de sa poupée princesse. J'ai regretté de ne pas avoir emporté ma poupée croque-mort avec son corbillard, mais nous nous sommes quand même bien amusées.

Nous étions en train de rire lorsque mes parents ont surgi, suivis de ceux d'Élisa. Ils n'avaient pas l'air content du tout !

– Élisa ! s'est exclamé monsieur Latour qui ne pouvait pas nous voir, mes parents et moi. Ne me dis pas que c'est toi qui as provoqué tout cela ! Madame Dugoud vient de faire irruption dans mon bureau, complètement affolée, en me disant que sa blanquette de veau lui a fait des excuses après s'être remuée toute seule ! J'aimerais bien comprendre ce qui se passe !

De sa voix que les mortels n'entendent pas, mon père a dit :

– Moi, je crois en avoir une petite idée ! Zénobie, tu as désobéi !

J'ai protesté avec ma voix spectrale :

– Ce n'est pas vrai ! Je suis restée invisible tout le temps !

Maman a ajouté :

– Mais tu as parlé à cette petite fille ! Tu sais très bien que nous ne devons jamais communiquer avec les mortels. Si nous voulons préserver les monuments en ruine, nous devons continuer à leur faire peur, ils doivent penser que nous sommes méchants !

De son côté, monsieur Latour continuait de gronder Élisa :

– Élisa, ta mère et moi avons déjà de très gros soucis avec la restauration du château ! Les ouvriers ont disparu sans explications et le chantier ressemble à un champ de bataille ! Nous n'avons vraiment pas besoin que tu sèmes la panique dans la cuisine !

J'étais très ennuyée. Élisa allait se faire punir par ma faute et son école n'ouvrirait pas ses portes à cause de mes parents. Élisa ne méritait pas cela. Je devais tout expliquer à monsieur et madame Latour.

Alors, sans prévenir, je me suis rendue visible.

En me voyant apparaître, le père d'Élisa a fait un brusque bond en arrière tandis que son épouse se laissait tomber sur une chaise en poussant les hurlements habituels.

– Zénobie ! s'est écriée Maman. Qu'est-ce qui te prend ?

Alors, en soupirant, Papa a dit :
– Je crois que nous devrions apparaître nous aussi. Au point où nous en sommes, ça ne changera pas grand-chose.

Et il s'est rendu visible, suivi de Maman.

5
Âmes immortelles et amis mortels

La brusque apparition de mes parents n'a pas eu l'air de trop plaire aux Latour. Ils sont devenus très pâles et se sont mis à claquer des dents. Je crois même que madame Latour s'est un peu évanouie. Mais Papa s'est empressé de la ranimer :

– N'ayez pas peur. Nous ne vous voulons aucun mal ! Mon nom est Spectro Skop, voici mon épouse Dulcinéma et notre fille Zénobie.

Pendant que les Latour se remettaient de leurs émotions, Papa a tout expliqué. Puis il a ajouté en soupirant :

– Maintenant que nous savons à quoi va servir ce château, nous n'avons plus tellement envie de vous empêcher de terminer les travaux…

– C'est vrai, a ajouté Maman. Même si je trouve que les humains n'ont aucun talent pour la décoration, il faut reconnaître que cette école est très bien équipée. Il serait cruel de décevoir tous ces enfants ! Hélas, je crains que notre directeur, monsieur Doutretombe, ne partage pas notre opinion.

C'est alors que j'ai eu une idée. J'ai lancé :

– Papa ! si tu peux convaincre monsieur Doutretombe de venir ici, je pense réussir à le faire changer d'avis ! Il faudrait juste réunir tous les enfants dans la bibliothèque…

– Nous pouvons nous en charger, a dit monsieur Latour, qui commençait doucement à reprendre des couleurs. Zénobie, si tu es sûre de parvenir à sauver notre école…

Alors, je leur ai expliqué mon plan en détail.

Papa a soupiré :

– Ça peut marcher. En tout cas, il faut essayer. J'appelle monsieur Doutretombe.

– Voulez-vous utiliser notre téléphone ? a proposé madame Latour d'une voix un peu tremblante.

– Non, merci, a répondu Papa. Nous n'utilisons pas ces engins bizarres. Nous communiquons à distance par spectropensée.

Papa a fermé les yeux. Puis, après un moment, il nous a annoncé que monsieur Doutretombe nous donnait rendez-vous au cimetière.

6
Scène d'épouvante

Lorsque monsieur Doutretombe est arrivé, il n'avait pas l'air de bonne humeur.

– J'espère que vous avez une excellente raison de me faire perdre mon temps ! a-t-il grommelé.

Sur le chemin du château, il a ajouté :

– D'ailleurs, j'ai réfléchi : une seule tour en ruine, c'est insuffisant. Je veux qu'on délabre à nouveau tout ce château ! Dulcinéma, vous avez jusqu'à demain matin pour expulser tout le monde ! Et vous, Spectro, faites venir une équipe de fantodémolition, c'est compris ?

Papa a répondu d'une voix hésitante :
– Monsieur le directeur… j'ai bien peur que nous ne puissions pas exécuter vos ordres.
– Comment ? s'est insurgé monsieur Doutretombe, vous osez discuter mes instructions ?
– Pas du tout ! a dit Papa. Le problème vient des habitants de ce château. Ils n'ont pas peur des fantômes.

– Qu'est-ce que vous racontez ? Vous avez bien réussi à faire évacuer le chantier !

– Le chantier, oui. Mais le château, c'est une autre affaire ! Les gens qui y vivent sont très courageux. Même leurs enfants n'ont peur de rien ! N'est-ce pas, Dulcinéma ?

Maman s'est empressée de répondre :

– Euh… oui, Spectro. Absolument.

– D'ailleurs, a ajouté Papa, si vous voulez bien nous suivre, nous allons vous faire une démonstration.

Les Latour nous attendaient dans la bibliothèque avec tous leurs pensionnaires. Certains lisaient. D'autres, comme Élisa, travaillaient sur des ordinateurs. Au signal de monsieur Doutretombe, nous nous sommes tous rendus visibles d'un coup. Mais comme les enfants ne nous voyaient pas et que les Latour étaient prévenus, personne n'a réagi.

– Les enfants, a dit monsieur Latour d'une voix qu'il s'efforçait de ne pas faire trembler, dites bonjour à nos visiteurs !

Les enfants se sont aussitôt levés et nous ont poliment salués.

Monsieur Doutretombe était stupéfait.

– Qu'est-ce que cela veut dire ? Personne n'a peur des fantômes ici ? C'est ce qu'on va voir !

Et il s'est mis à courir partout en hurlant :
– Houhouhouhou !
– Que se passe-t-il ? a demandé Élisa d'un air faussement inquiet. Vous vous êtes fait mal ?

– C'est curieux… a dit un élève. Vous ne trouvez pas que ça sent le vieux fromage moisi ?
– Qui a apporté à manger dans la bibliothèque ? s'est écriée madame Latour. J'espère que ce n'est pas vous, monsieur, car c'est strictement interdit !

Monsieur Doutretombe était furieux. Il s'est approché d'Élisa, a fait sa grimace la plus terrible et a rugi :

– Trrrrremble, morrrtelle !

– Vocabulaire inconnu ! Veuillez reformuler la question ! a annoncé l'ordinateur d'Élisa qui était resté allumé.

Le directeur a sursauté.

Élisa s'est tournée vers lui et a expliqué :

– Voyons, monsieur, ça ne sert à rien de crier ! Pour utiliser nos ordinateurs à reconnaissance vocale, il suffit de parler distinctement près du micro. Et… sans vouloir vous vexer, vous devriez vous brosser les dents un peu plus souvent !

Je crois que là, monsieur Doutretombe a commencé à se sentir mal à l'aise, parce qu'il est parti sans demander son reste et que, depuis ce jour, le château de la Boutonnière est un lieu interdit aux revenants.

Pourtant, certains humains pensent qu'il est toujours hanté. Je me demande bien quelle famille de fantômes ose encore s'y promener…

Achevé d'imprimer en avril 2012 par Pollina S.A.
85400 LUÇON - Numéro d'impression : L60520a
Imprimé en France